Doris Djamba

Un extraterrestre dans les réseaux sociaux

Doris Djamba

Un extraterrestre dans les réseaux sociaux

Éditions Muse

Imprint

Cover image: www.ingimage.com

Publisher:
Éditions Muse
is a trademark of
International Book Market Service Ltd., member of OmniScriptum Publishing Group
17 Meldrum Street, Beau Bassin 71504, Mauritius

Printed at: see last page
ISBN: 978-620-2-29546-8

UN EXTRATERRESTRE DANS LES RÉSEAUX SOCIAUX

DORIS DJAMBA

UN EXTRATERRESTRE DANS LES RÉSEAUX SOCIAUX

Roman

Du même auteur

Philo, femme d'affaires

Éditions Jets d'encre, France 2019

Avertissement

Si le lecteur trouve dans ce manuscrit la moindre ressemblance avec des personnages existants ou ayant existé, ceci restera de sa propre intention et ne serait que pure coïncidence.

Chapitre I

Qui croyait qu'un jour, Jovelia pouvait se procurer d'un smartphone muni de certaines applications les plus utilisées au monde ? « *Un bien de luxe pour ceux qui vivent modestement* ».

Effectivement, elle se faisait beaucoup de la peine, voyant ses amies de classe vanter l'importance des relations qui se tissent dans les réseaux sociaux.

Malgré ça, Jovelia gardait son calme et apaisait les émotions qui la tourmentaient du jour au lendemain.

Nullement la faute incombait sa famille vu les conditions de vie qu'elle menait; mais étant donné qu'elle n'avait que 16 ans et cadette de sa famille, son père tenait à sa décision qui est celle de lui autoriser l'utilisation du téléphone cellulaire un peu plus tard, à l'âge mature.

Jovelia, une fille très intelligente et appréciée de tous ; chef de classe de sa promotion, élève en 4ème des humanités. Très souvent, pendant les heures de récréation, alors que ses amies de classe utilisaient des smartphones, et Jovelia les observaient avec beaucoup d'attention.

Aussitôt, cette appréhension suscita en elle une idée, celle de faire des économies sur ce qu'on lui remettait par sa famille pour pourvoir à ses besoins journaliers. Cet exercice lui prit quelques mois suite à ses faibles revenus.

Un certain samedi matin après le cours d'encadrement, Jovelia se dirigea vers la boutique où sont vendus les smartphones pour s'en procurer.

Ah ! Enfin ! Jovelia dans sa chambre, alitée et emmaillotée des peluches, puisque ce fut son décor préféré, elle s'enferma à clé, ayant à ses côtés un agenda.

Débutante de son état, elle avait du mal à comprendre la fonctionnalité de son nouveau téléphone ; comment accéder à l'Internet ainsi qu'aux applications.

Alors, elle recourut à un jeune homme de son quartier, tenancier d'une cabine téléphonique, afin de l'aider avec l'ouverture des comptes et lui fournir d'autres explications.

C'est à partir de ce coup de pouce et des notes qu'elle avait prises, qu'elle put se servir facilement de son appareil ; accéda aisément aux réseaux sociaux.

Jovelia en fut stupéfiée et accompagnée d'un sourire pendant toute son application, découvrant les correspondants qui défilaient sa page d'accueil.

Inconsciente du temps qui s'écoulait, Jovelia passait toute la nuit à contempler les profils des amis dans les réseaux sociaux.

Ses parents ainsi que ses frères étaient sous informés que Jovelia venait de se doter d'un smartphone sous peu.

Alors, dimanche après la messe de neuf heures, elle s'enferma encore dans sa chambre, y passant tout son après-midi qu'avec son téléphone.

Lundi matin, aux environs de six heures, Jovelia s'apprêta pour se rendre à l'école, elle éteignit son Smart et le garda jalousement dans sa valise de sorte que personne n'y tombe dessus.

Alors, elle faisait sa route péripatéticienne avec un cœur comblé d'une joie parfaite et son visage ne faisait que décrypter tout ce qu'elle ressentait dans son for intérieur.

Jovelia se plongeait ainsi dans une réflexion et distraction incessante, oubliant qu'elle faisait les cent pas, traversant aveuglément la route principale qui menait vers l'école.

Dans cet état rétrospectif, elle courut un gros risque, et faillit même se faire cogner par une jeep onusienne qui roulait à vive allure.

Alors, dès qu'elle entra la salle de classe pour assouvir ses émotions, elle s'approcha de sa camarade Ekaya et lui relata :

— Salut Berline Ekaya, comment vas-tu ?
— Je vais bien, merci et toi ?
— Hyper bien. Tu sais, je viens de me doter d'un smartphone depuis le samedi après les cours d'encadrement.
— Ah bon ! Qui te l'a acheté ?
— Bah, juste mes propres petites économies... Répondit-elle.

Jovelia et ses amies, après leurs examens de vendredi, se baladèrent aux alentours de l'école, vu qu'il y avait encore du temps.

Ces dernières apprirent d'autres fonctionnalités du téléphone à leur amie Jovelia, la nouvelle venue dans le monde du Smart. Elles parlaient promptement des avantages que leur offrait l'Internet, en terme des relations dans les réseaux sociaux.

— Ici, tout y est ! Des relations avec des partenaires hommes ; d'ici comme ceux d'ailleurs, déclarèrent ses amies.

Tous les beaux discours que tenaient ses camarades, furent gravés dans sa mémoire. Malheureusement, aucune d'entre elles dévoila les côtés négatifs de l'usage abusif des réseaux sociaux.

D'un coup, Jovelia se mit à s'exercer petit à petit avec ses camarades lors de cette promenade et s'y adapta au fur et à mesure.

C'est de cette façon, qu'elle masqua son vrai nom pour qu'aucun membre de sa famille ne comprenne que c'était elle. La pauvre préféra y mettre son surnom qui était *Mâcha* et un profil anonyme, l'effigie attrayante d'une de ses copines.

Deux mois plus tard, Jovelia maîtrisa correctement l'utilisation des applications et elle atteignit le plafond d'amis (5.000) Sur Messenger.

Chose bizarre et étonnante, parmi ses amis sur Facebook, il y eût un correspondant favori avec qui elle parlait le plus souvent : un monsieur blanc, discret avec un profil d'homme d'affaires répondant au nom de Baron Khuel, résidant un pays asiatique.

Malheureusement, ce dernier était **un extraterrestre**. Un envoyé spécial du diable projetait sur terre avec mission de détruire des vies humaines, mais plus celles des filles moins prudentes usagères de l'Internet.

Parmi les cibles dans les réseaux sociaux, Jovelia en faisait partie. En effet, l'extraterrestre avait pour objectif : d'envoûter Jovelia avec de très bonnes paroles, en vue de conquérir et posséder son esprit. Et comme Baron

Khuel était toujours connecté, il continuait à se faire d'autres victimes pour maximiser son effectif.

Chaque soir, avant que Jovelia n'aille au lit, souvent, son interlocuteur lui demandait une photo sexy. Étant donné qu'elle n'était pas très expérimentée en matière de relation homme-femme, elle avait peur de donner une suite favorable à cette demande, malgré les continuelles insistances du requérant.

Imprudente qu'elle était, Jovelia continuait à papoter avec ce dernier à l'insu de sa mère, *connaissant tous la complicité parfaite et sécrète entre mère et sa fille,* alors qu'elle pouvait bien se faire accompagner en partageant avec celle-là qui pouvait l'aider en s'en débarrasser le plus tôt possible avant que le pire n'arrive.

Chose étonnante, Jovelia laissa sa mère coq-à-l'âne dans cette histoire, et préféra la partager avec ses camarades de classe, jusqu'à leur parler de l'insistance avec laquelle ce monsieur demandait ses images -exhibant ses parties intimes. Un dossier difficile à gérer par les filles de son âge vu l'immaturité qui leur caractérisait.

— Comment agissez-vous lorsqu'un homme vous demande une de vos photos sexy ? Demanda Jovelia.

— Ah ! cela t'est arrivé aussi ?

Répliqua Ekaya.

— Je vous prie de m'orienter au lieu de vous moquer de moi !

— Jovelia, la chose est tellement claire et simple que tu ne pouvais même pas nous poser cette question ! Cela nous est arrivé également au début de nos relations avec les hommes dans les réseaux sociaux, et craignions qu'un mal ne nous visite. Nous avions déjà envoyé nos photos chez des hommes qui nous affolions et *«likions»*. Profites donc, toi aussi des pareilles relations, tu pourras en faire beaucoup d'argent, et vivre comme des stars de la musique étrangère et du cinéma.

En effet, Jovelia était émotionnée et troublée par des arguments qui touchaient vraiment son cœur, elle eût des frissons quand elle entendit les déclarations que tenaient ses amies.

Aussitôt, la jeune fille rentra précipitamment chez elle parce que son esprit fut bourré des conseils.

Chemin faisant, Jovelia en son for intérieur, se disait : *«Elles peuvent avoir raison ! Il ne verra que mon corps sur la photo et non en live! Je vais le faire donc très discrètement»*.

La pauvre arriva et se dirigea directement dans sa chambre, et s'enferma comme d'habitude, pensant à toutes les « belles » paroles prononcées par ses amies, pouvant faire d'elle millionnaire en un clin d'œil.

L'extraterrestre, était toujours en ligne 24h/24, et continuait d'enchaîner des messages de manière instantanée : « Salut Jovelia, comment vas-tu ? Tu n'es pas toujours rentrée depuis le matin? Suis vraiment impatient ! ».

La pauvre proie, regardait comment les messages défilaient sa boîte de réception. Affligée, vu qu'elle était déjà sous l'envoûtement, un esprit vint au même instant et s'incarna en elle.

C'était un esprit de bravoure, qui aussitôt chassa cette peur intérieure qui l'assiégeait et tourmentait.

— Que voulez-vous en faire ? Répondit immédiatement Jovelia à Baron.

— Ah ! Ne le prends pas à mal! C'est juste que je suis déjà tombé amoureux de toi. Bon, je voudrais vous proposer en échange un truc sérieux, dit l'extraterrestre.

— Oui, je suis là, vas-y, répondit Jovelia.

— Files-la-moi et en retour je t'enverrai la somme de 2.000$.

— Vous êtes sérieux monsieur?

— Je mets ma main à couper,

Jovelia la plus belle femme du monde.

Une chose étrange, pendant leur entretien, Jovelia tremblant des frissons, et tout son corps transpirait. Elle prit une position sérieuse sur le lit à cause de cette offre qui dépassait son entendement.

— Vous dites 2.000$ Monsieur? Insista-t-elle.
— Oui, je suis sérieux, je te donne ma parole.

Sans toutefois réfléchir, Jovelia se met à poil et aussitôt, se fit une photo selfie toute nue. Elle n'hésita pas et appuya sur la touche «Envoyer». L'extraterrestre la remercia pour cette confiance aveugle à son égard.

— Je t'envoie la somme convenue au cours de la semaine. Dit-il avec un rire sous la gorge.

— Je m'impatiente ! Répondit-elle avec l'air prétentieux.

En effet, ils continuaient à la belle étoile leur conversation jusqu'au petit matin.

Le jour suivant, après avoir envoyé sa photo exposant ses parties intimes, Jovelia alla raconter à ses camarades tout ce qui s'est passé avec Baron sans cacher un mot.

Pendant qu'elle expliquait, ses amies poussaient au jouir des félicitations avec un rire à gorge déployée. Sans doute, elles étaient contentes de voir leur travail aboutir.

Sur ces entrefaites, Jovelia s'est sentie touchée brusquement d'une force inouïe et la précipita par terre.

Soudain, un silence apparut dans le lieu de l'événement. Dans cette attitude effrayante, aucune d'entre elles ne parlait, encore moins faire un mouvement quelconque. Elles étaient restées silencieuses comme des débiles, n'ayant pas l'idée de ce qui se passait.

Au bout de quelques minutes, Jovelia poussa un cri comme un bébé qui sortait du ventre de sa mère, après, elle se releva. La pauvre essaya d'expliquer à ses camarades de cette force inconnue qui venait de la secouer.

C'était une attraction imprévisible, vu qu'elle n'était pas malade ni physiquement lasse.

Chemin faisant, elle revint à son état normal comme de rien n'était. C'est par là que tout a commencé, elle s'est fait prendre dans le piège de Baron (L'extraterrestre).

Depuis ce jour-là, chaque nuit, Jovelia ne faisait que des rêves cauchemardesques, elle se voyait dans un lieu affreux et désastreux, faisant des rapports sexuels avec un homme de visage impossible à définir.

Mais bizarrement, à son réveil le matin, elle analysait que la chose n'était plus un somnambulisme mais plutôt une réalité, étant donné qu'elle se sentait épuisée, et avec des douleurs physiques, trouva aussi à ses côtés sa robe pliée et elle-même nue.

Or, la pauvre innocente vivait une situation difficile à remédier.

Une semaine plus tard, après que celle-ci s'habitua à ce mode de vie, elle tomba gravement malade.

Sur le champ, ses parents l'amenèrent à l'hôpital pour la faire soigner, malheureusement, il n'eût aucun changement, et rien ne marchait, parce que la maladie n'était pas clinique, mais plutôt spirituelle.

Pendant trois jours internés à l'hôpital, le médecin tenta à plusieurs reprises de donner le traitement à Jovelia, mais toujours pas de résultat positif.

Le lendemain environ douze heures, sans pourtant laisser un mot à la famille, la pauvre fille succomba dans son état d'inconscience sur son brancard, pendant que le médecin directeur de cet hôpital, établissait une lettre de transfert pour son cas jugé urgent.

Subitement, une forte émotion régna le couloir où le brancard de la défunte Jovelia était stationné.

Le médecin directeur empêcha la famille de toucher, encore moins d'approcher le corps, en attendant l'ambulance qui fonçait déjà à vive allure vers l'hôpital pour emmener à la morgue la dépouille.

En fait, ce type de maladie mystérieuse ayant rendu Jovelia macabre, troublait tous les médecins de l'hôpital. Aussi, toute la famille n'en revenait pas de cette disparition si brusque et brutale de leur fille ; quoique la mort soit un fatal événement.

Un moment donné, les échos des pleurs, les cris des voisines et voisins du quartier, pénétrèrent les murs de l'hôpital, et du coup, l'endroit fut inondé des différentes figures, lançant contre l'inconnu, des accusations. Les mamans de son quartier crachaient des obscénités sans pudeur contre la mort.

Alors, ses camarades de tout le temps étaient présentes et pleuraient aussi avec la famille éprouvée, mais en secret, elles connaissaient vachement bien cette histoire de leur congénère qui venait de rendre l'âme.

Un événement très effrayant. Sur le champ, elles avaient l'intention de réparer leurs fautes d'une manière directe et se décidèrent aussitôt à dévoiler aux parents de Jovelia, le type de relation qu'entretenait leur amie avec Baron dans les réseaux sociaux, ainsi l'envoi de cette fameuse photo.

«Nous sommes sûrement conscientes que Baron n'était pas un humain, mais plutôt un démon vu ses avances auprès de notre amie ».

Après cet entretien, elles vinrent auprès du père de leur défunte amie, et lui relatèrent en long et en large ce qui était la cause de la mort prématurée de leur camarade.

D'une voix tremblante que pleurnicheuse, cria le père de Jovelia :

— Mais comment pouvez-vous garder une telle histoire depuis tout ce temps ? Je ne l'ai jamais vu utiliser un téléphone cellulaire ! Comment s'en est-elle procurée?

— « De ses petites économies, selon ses dires... Donc nous en sommes vraiment navrées »

— Voilà ! Je viens de perdre ma fille ! Et vous serez traduites en justice quant à ce.

Toute la famille était stupéfiée et personne ne croyait à tout ce que disaient les camarades de la défunte.

Qui pouvait croire à cette mésaventure ! Ses frères accédèrent sa chambre, fouillèrent partout dans la pièce et retrouvèrent sous l'oreiller le téléphone qu'elle utilisait. « Dit l'un de ses frères, réellement, elle avait un smartphone. Regarde bien sa photo qui venait d'envoyer à son ami (Baron) même ses conversations montre en suffisance qu'ils avaient certes une relation amoureuse...»

Le père de l'illustre disparue regretta amèrement cette situation qui emporta sa fille. **Un extraterrestre** est passé par la porte de l'innocente Jovelia. Cette perte précoce, blessa toute la famille.

Fin

CONSEIL

« La prudence l'exige »

Chapitre II

Tes publications, commentaires et photos dans les réseaux sociaux, détermineront le type de correspondant qui t'approchera ! Jeune fille, tu exposes ta vie avec tes photos intimes en parlant ainsi de ta vie sur la place publique.

Un comportement qui semble être bon pour certains, mais cette attitude t'attirera forcément les malheurs avec les détracteurs qui feront de toi leurs proies.

Les intéressés qui mordront à l'hameçon, seront évidemment les genres d'hommes qui vous considéreront de leurs objets de satisfaction sexuelle et qui, après t'avoir goûtée, se barreront.

Ne soyez pas étonnée, s'ils te manquent du respect après avoir atteint leurs objectifs. Les réseaux sociaux deviennent ainsi un cadre où, à la belle étoile, les relations, vies intimités sont étayées au lieu de la discrétion.

Vers les années 70, la femme avait une valeur, suite à son comportement et par son accoutrement digne et décent, bénéficiait du respect des hommes.

De nos jours, tout a changé. La femme s'adapte à tout comportement et environnement, c'est pourquoi elle n'a plus sa valeur et considération digne de son rang. Ne contrôlant plus rien, elle se livre facilement aux jeux *«vite fait»* Et s'emporte facilement au mode de vie actuel.

Aujourd'hui, devenue une unité des productions, s'exposant à nu dans des publicités, cinémas et théâtres...

Sache-le bien, lorsque tu te donnes la posture d'une fille sexy avec les sobriquets «Ujana, la canne à sucre...» *Merci !* L'on va simplement abuser de toi, tel est ton souhait et le monde se servira de toi comme une machine sexuelle.

En réalité, tu gâches l'entièreté de ta jeunesse ainsi ton avenir pour ne rien gagner, en suivant ce que font les autres. Passant inutilement ton temps à remercier tous ceux-là qui commentent et aiment tes publications avec des phrases pareilles *«tu es la plus sexy jamais vue».*

La plupart de leurs photos prises pour publications, elles sont en petite serviette, caleçon, Maillot de corps sans soutien-gorge, courte jupe, courte robe, laissant librement les belles cuisses à la portée de tous.

Être le genre des filles dont tous les points secrets de leurs corps sont connus de tous ; des petits points, taches éventuelles sur telle partie de son corps, sans aucun avantage rationnel.

À l'âge avancé, tu t'en plaindras par manque de mariage dont tu pointeras du doigt un tel ou tel autre de sorcier. Or, en réalité, c'est toi la pire et première sorcière de ta vie.

Je te dis qu'un homme qui a sa tête sur ses épaules ne voudra jamais te prendre, si ce n'est que par la Grâce de Dieu, et cela après que tu n'aies accepté réellement Jésus-Christ comme seigneur et sauveur de ta vie.

Revenir à la raison après une méconduite ne t'épargnera point les conséquences néfastes comme fut le cas du Roi David.

En effet, il est écrit à son sujet qu'un soir il se leva de sa couche ; et, comme il se promenait sur le toit de la maison royale, il aperçut de là une femme qui se baignait, et qui était très belle de figure. David fit demander qui était cette femme, et on lui dit : N'est-ce pas Bath Schéba, fille d'Éliam, femme d'Urie, le Héthien ? Et David envoya des gens pour la chercher. Elle vint vers lui, et il coucha avec elle. Après s'être purifiée de sa souillure, elle retourna dans sa maison. Cette femme devint enceinte, et elle fit dire à David : Je suis enceinte.

L'Éternel frappa l'enfant que la femme d'Urie avait enfanté à David et il fut dangereusement malade. David pria Dieu pour l'enfant, et jeûna ; et quand il rentra, il passa la nuit couchée par terre. Les anciens de sa maison insistèrent auprès de lui pour le faire lever de terre ; mais il ne voulut point, et il ne mangea rien avec eux. Le septième jour, l'enfant mourut. **2 Samuel 12 : 18**

Que nous enseigne cela ? Tu peux être bénéficiaire du pardon divin, mais subir les conséquences de tes péchés. Faisons donc très attention de notre façon de vivre, car notre demain en rendra compte !

« Ne te laisse pas faire sur toute demande négative de ton corps, car, le plaisir de la chair t'amènera des ennuis plus tard. Souviens-toi du jour au lendemain que ton corps retournera un jour de là où il a été tiré; la beauté est vaine ». Doris DJAMBA

« Le passé est un être irréparable que nous avons à être, sans aucune possibilité de ne pas l'être ». Jean-Paul SARTRE

«Prudence est mère de sûreté»

«L'usage abusif de cet outil *«réseaux sociaux»* dont nul ne peut s'en passer vu la vitesse de la technologie peut nous amener à la fois du bien et des ennuis». Osée NTAMBWE

Vous pouvez suivre l'auteur sur les liens suivants

Page FB

https://web.facebook.com/ecrivain.noire?_rdc=1&_rdr

https://www.linkedin.com/in/doris-djamba-23902692/

TWITTER

https://twitter.com/home?lang=fr

INSTAGRAM

https://www.instagram.com/dorisdjamba/?hl=fr

Références.

Motivation d'idée : Naomie Kazadi
Mise en forme : Joël Djamba
Mise en page: Christian Makiese
Couverture : Doris Djamba

Tous mes remerciements à :

- Dr. Osée Ntambwe
- Rév. Ludovic Makengo
- Rév. David Kabeya
- Past. Freddy Arche Mapangila
- Prof. Théo Ebengo
- M. Christian Kaheta
- M. Hergy Nlandu
- M. Emmanuel Maziga
- M. Fred Yemba
- Mm. Kerene Mujinga
- M. Jacques Mboyo
- M. Erick Diela
- M. Freddy Lubanga
- M. Hosanna Ndombasi

Printed by Books on Demand GmbH, Norderstedt / Germany